W0389084

MINI PATTE

Le chat

Tendre felin

Texte de Stéphane FRATTINI
Photos de M.-L. HUBERT et J.-L. KLEIN (Biosphoto)
Illustrations de Delphine VAUFREY

Collection dirigée par Valérie Tracqui

MILAN
jeunesse

À la recherche d'une femelle, le chat vient parfois de très loin.

La chatte s'est perchée en hauteur, pour mieux surveiller son territoire.

Rencontre

« Caramel, viens ! »
Dans la maison, sa maîtresse l'appelle. Mais la chatte, couleur écaille de tortue, fait semblant de ne rien entendre. **Elle est occupée à faire sa patrouille dans le jardin.** Elle inspecte chaque recoin, flaire les odeurs familières et marque son territoire d'un petit pipi. Soudain, elle s'arrête. Là-bas, un matou tigré inconnu la regarde !

Les matous

Dans la rue, on entend des « miaou ! » furieux. Les matous se bagarrent sous les fenêtres de la maison, pour séduire la femelle en chaleur. Le mâle tigré parvient à chasser tous les autres. Il est grand, fort et courageux. La femelle a fait son choix : ce sera lui le père de ses chatons ! **Excitée, elle se met à miauler fort et se frotte aux endroits où le mâle a laissé son odeur,** la queue relevée.

La femelle en chaleur émet des odeurs très attirantes pour les mâles.

Les matous peuvent faire des fugues de plusieurs jours pour retrouver une chatte. Et quelle bataille pour la conquérir !

En griffant la porte, le mâle laisse son odeur pour signaler sa présence à la femelle.

Le mâle se calme en se nettoyant à grands coups de langue. C'est efficace, car elle est râpeuse.

Après des heures d'approche, l'accouplement ne dure que 1 à 2 minutes.

À 8 jours, les yeux des chatons s'ouvrent. Ils sont tout bleus !

À chaque chaton sa mamelle, qu'il reconnaît à l'odeur. Mmm... c'est bon ! Pour les rassurer, la chatte ronronne.

Boules de poils

Longtemps, la chatte a repoussé le matou. Puis ils se sont accouplés et elle l'a chassé : chez les chats, pas besoin de papa... **9 semaines plus tard, son ventre est rond comme un ballon.** Sa maîtresse lui a installé un panier, mais la chatte préfère aller dans la paille de la grange. Et cette nuit, un par un, sept chatons sont nés, la tête la première.

Le chaton doit s'habituer à l'homme en douceur. On ne doit jamais le forcer à rester dans nos bras.

Infatigables

Vers 3 semaines, les chatons commencent à jouer ensemble. Chacun possède déjà son caractère ! **Il y a les timides, et ceux qui veulent être les chefs.** Dès 1 mois, ils explorent les alentours, découvrent les bruits et les odeurs familières. La chatte les surveille, et, si l'un d'eux l'appelle avec des cris perçants : « Miaou ! Au secours, Maman ! », vite ! elle l'aide et le ramène au panier.

En général, une portée compte 4 ou 5 chatons. Mais le record est de 12 !

La chatte transporte ses petits dans sa gueule par la peau du cou. Ça ne leur fait pas mal.

Monter sur un piano, c'est facile ! Mais les touches bougent… comment redescendre ?

« Venez, j'ai trouvé un nouveau jeu ! »

Copains !

Le chat aime bien la compagnie. Si on le laisse seul, il s'ennuie. Alors, les frères et sœurs en profitent. À 1 mois, après le lait de Maman, ils mangent ensemble de la viande. Autour des gamelles, il faut apprendre à partager. Ils dorment beaucoup, 16 heures par jour, souvent blottis les uns contre les autres. Même le chien de la maison les accepte, tout contre lui.

4 petits repas par jour, ça donne des forces.

Les chatons courent après tout ce qui bouge.

Gare aux poils, quand on dort avec un chaton...

S'il les a connus petits, le chien adopte les chatons comme ses amis. Il les défendra en cas de danger.

Très sensibles

Les chatons ont 2 mois. Nerveux, ils sursautent au moindre bruit. Avec leur ouïe très fine, ils entendent des sons bien plus aigus que ceux que perçoit l'homme. **Ils apprennent aussi à communiquer avec les odeurs.** Devant un objet ou une personne inconnus, le chat commence toujours par flairer. Une fois l'odeur enregistrée, il s'en souviendra toute sa vie.

Grâce à un petit tuyau entre le nez et le palais, le chat sent les odeurs 1 000 fois mieux que nous.

Un petit bisou à Maman, c'est aussi l'occasion d'échanger des odeurs rassurantes.

Pif ! Paf ! les chatons se bagarrent souvent, pour vérifier qui est le plus fort. Mais les vraies disputes sont rares et vite oubliées.

Le four et la machine à laver ne doivent jamais rester ouverts. C'est trop dangereux !

Très propre, le chat apprend facilement à faire ses besoins dans la litière.

S'il se brûle une fois, il aura toujours peur des flammes.

Menacé ou furieux, le chat crache et replie les oreilles.

Tout apprendre

Aïe ! le chaton s'est fait piquer par une abeille. Désormais, il se méfiera avant de sentir une fleur du jardin. **Dans la maison, les dangers sont encore pires.** Petit à petit, le chaton comprend que les radiateurs, le gaz et les plaques électriques peuvent brûler ses pattes. Sa maîtresse lui interdit de grimper dessus : « Minou, non ! ». Au bout de 5 ou 6 fois, il commence à obéir.

Bien équipé

Piou ! Piou ! Le chaton court après les poussins en se prenant pour un tigre. **Parfait acrobate, il possède 600 muscles pour se tordre dans tous les sens.** Sa gueule est déjà armée de canines pointues, les crocs. Les coussinets de ses pattes protègent des griffes toujours bien aiguisées. Même ses moustaches et ses sourcils sont précieux, car il s'en sert comme des antennes, pour se déplacer la nuit.

Fantastique ! Ses yeux s'adaptent à la lumière. Il fait sombre ? La pupille est grande ouverte...

En orientant ses oreilles, très mobiles, le chat peut localiser de très loin un bruit parmi d'autres.

Il fait très clair ? La pupille se rétrécit pour n'être plus qu'une fente.

Ses griffes rétractiles peuvent se rentrer à volonté.

En chasse, le chat s'approche silencieusement de sa proie, le ventre au sol et le regard fixe.

Très rapide, il plaque l'oiseau d'un coup de patte.

Le chat divise son domaine en espaces pour la chasse, la reproduction, le jeu et le repos...

Super-chasseur

Au début, leur mère leur a amené des proies. Puis les chatons ont appris à chasser tout seuls. Souris, oiseaux, lézards ou gros insectes : tout ce qui bouge devient une proie. Là, dans l'arbuste, un petit oiseau ! Le chat s'aplatit au sol et avance à pas feutrés. Soudain, il bondit griffes en avant. 1 fois sur 4 en moyenne, le coup réussit. À 7 chats, on fait vite beaucoup de dégâts dans la nature…

Le chat amène ses proies à son maître sans savoir pourquoi on le gronde. Il chasse par instinct.

Nouvelle vie

Avant d'avoir 3 mois, tous les chats ont été adoptés. Chacun aura son histoire, en fonction de son éducation. Celui-ci a été appelé Nuage. Le premier jour, il était un peu distant. Mais bien vite, il a trouvé des cachettes et des jeux. Et puis, **il est venu réclamer un câlin,** en déposant son odeur contre les jambes de sa nouvelle maîtresse. Une amitié est née, peut-être pour 15 ou 20 ans.

Souvent, il s'attache à une personne principale.

Le chat est un animal indépendant, qui a besoin de moments de liberté.

Un ami discret

Il y a 5 000 ans, les Égyptiens apprivoisaient le chat pour lui faire chasser les souris. Depuis, le petit félin a suivi l'homme dans toutes ses grandes aventures. Aujourd'hui, il est partout... Ceux qui en élèvent doivent apprendre à bien s'en occuper. Avoir un ami, ce n'est pas l'abandonner quand on n'a plus besoin de lui...

Une chatière permet au chat de sortir librement.

Limiter les chatons

Les chats errants posent souvent des problèmes. Dans les villes, ils font du vacarme, et, dans les campagnes, ils tuent tous les oiseaux. Alors, mieux vaut éviter que les chats ne se reproduisent trop vite. Le mieux, c'est de les faire opérer par le vétérinaire pour qu'ils ne puissent plus faire de bébés. L'opération est sans risque, et le chat sera tout aussi heureux.

Bien soigner

Rien qu'en France, il y a 8 millions de chats. Dans 1 maison sur 4, le félin réclame chaque matin ses croquettes ! Une fois par an, il faut aussi l'emmener chez le vétérinaire, surtout s'il va dehors. Le chat est plutôt robuste, il n'est pas souvent malade. Mais il doit être vacciné contre les virus dangereux. On peut aussi le faire tatouer pour le retrouver s'il se perd.

Œil vif, museau tiède : ce chaton est en bonne santé.

Le chat est un fidèle compagnon pour les personnes seules.

Un bon compagnon

Pour les enfants et les personnes âgées, le chat est un compagnon idéal. Doux et affectueux, il est plus facile de s'en occuper que d'un chien, car il est plus indépendant. En plus, quand on caresse un chat, cela nous calme et nous apaise. Seul inconvénient : la salive que le chat dépose sur son pelage provoque parfois des allergies à l'homme.

Les races de chats

Il existe aujourd'hui plus de 60 races de chats domestiques. Certaines sont très anciennes, d'autres ont été créées par l'homme à partir de croisements. La plupart des races se répartissent en 3 grandes catégories selon la forme de leur tête : le type oriental (triangle), le type européen (trapèze) et le type persan (rond).

Le chat siamois

Le siamois a une silhouette très fine, avec la tête plutôt en triangle. Parfois, il louche un peu. Plutôt bavard, il est très attaché à son maître et le suit partout dans la maison.

Le maine coon

Le maine coon est le géant des chats : il peut peser 8 kg ! Venu des forêts froides d'Amérique du Nord, il possède une fourrure longue et épaisse qui le protège de la neige en hiver. Pour l'accueillir, mieux vaut avoir un grand jardin.

Le persan

Le persan est le plus répandu des chats de race. Il se reconnaît à sa tête plutôt carrée, avec un nez très court, comme aplati, et à ses poils très longs.

Le sphinx

Le sphinx est un chat sans poils ! Au départ, c'était une erreur de la nature, mais les éleveurs ont décidé de créer une race. Gentil mais fragile, il craint le froid et les coups de soleil.

Quelques questions sur va vie du chat, dont tu trouveras les réponses dans ton livre.

Crédit photographique :

Agence Bios :

J.-L. KLEIN et M.-L. HUBERT : couverture et 4e de couverture, p. 4, p. 6 (b), p. 7 (h), p. 8 (h), p. 10 (hg, hd et b), p. 11, p. 12-13, p. 12 (b), p. 12 (bg), 13 (b), p. 14 (hg et mg), p. 14-15, p. 16 (g et d), p. 17, p. 19 (hg), p. 21 (hd), p. 22 (h et bg), p. 24-25, p. 24 (h), p. 27, p. 27 (h), p. 28 (b), p. 29 (b) ; M. GUNTHER : p. 6-7, p. 8 (b) ; C. RUOSO : p. 9 (h) ; J.-J. ÉTIENNE : p. 9 (b) ; F. VIDAL : p. 14 (bg), p. 18 (h) ; J.-L. ZIEGLER : p. 18 (hd), p. 20 (h), p. 21 (hg) ; H. AUSLOOS : p. 18-19 (b), p. 29 (h) ; GAYO : p. 20-21 (b) ; F. MORDEL : p. 23 (b) ; N. REINHARD/Okapia : p. 22 (bd) ; N. PETIT : p. 27 (b) ; M. NICOLOTTI : p. 28 (h).

www.editionsmilan.com

© 2002 Éditions MILAN pour la première édition
© 2008 Éditions MILAN pour la présente édition

300, rue Léon-Joulin, 31101 Toulouse Cedex 9, France.

Droits de traduction et de reproduction réservés pour tous les pays. Toute reproduction, même partielle, de cet ouvrage est interdite. Une copie ou reproduction par quelque procédé que ce soit, photographie, microfilm, bande magnétique, disque ou autre, constitue une contrefaçon passible des peines prévues par la loi du 11 mars 1957 sur la protection des droits d'auteur.

Loi 49.956 du 16.07.1949 sur les publications destinées à la jeunesse.
Dépôt légal : 4e trimestre 2010
ISBN : 978-2-7459-3147-4

Imprimé en Slovénie